Ute Weizsaecker

Reise zum Ich und anderswohin

Gedichte

und 10 Aquarelle

Ute Weizsaecker

REISE ZUM ICH UND ANDERSWOHIN

Gedichte
und 10 Aquarelle

Re Di Roma-Verlag

Bibliografische Information der Deutschen Nationalbibliothek:
Die Deutsche Nationalbibliothek verzeichnet diese Publikation in der Deutschen Nationalbibliografie; detaillierte bibliografische Daten sind im Internet über http://dnb.ddb.de abrufbar.

ISBN 978-3-86870-373-3

www.rediroma-verlag.de
13,95 Euro (D)

Inhalt

für meine Tochter

Chaque homme de culture a deux patries:
la sienne et la France.
Thomas Jefferson

(Jeder Mensch mit Kultur hat zwei Vaterländer, seines und Frankreich)

LIEBESLIED

Bisweilen bin ich morgens müde
Und abends wach
Wach ich am Morgen
Gähn´ ich am Abend
Und bin nicht zu gebrauchen
Für die süßen Aktivitäten
Des nächtlichen Treibens
Mit dir mein Engel
Der du morgens
So gerne erst schläfst

ERSTE NACHT

Ich glaubte ich müsste kotzen
Ob der Geilheit die mir begegnet
Zwischen Blumen an
Jenen Tagen da du einen
Kreis um mich zogst
Geträumt hab ich
Dass du brav gekommen
Zu mir in jener Nacht
Stumm und angstvoll
Mit sehr viel Respekt
Das Unerwartete geschehen
Machtest als ich nur
Hinterm Baum auf mich
Selber gewartet

UNTERSCHIED

Weil du nur die Löcher
Im Käse siehst fürchte ich
Mich vor der Antwort
Du hältst dich auf hier
Mit mir
Doch spinnst du Gedanken von
Großen Brüsten und langem Haar
Stehst auf der Startbahn
Zum Sprung bereit über Mauern
Ich sehe den Käse
Verstopfe die Löcher
Mit dir
Folge artig dem
Rein-Raus-Rhythmus und hoffe
Vermeide die Frage
Und spreche und flehe
Dein Schatten ist groß
Macht mein Ich mir fremd
Solche wie wir sammeln Botschaften
Du schaust auf die Uhr
Du willst gehen

FREUNDE

Anderswo bin ich sanfter
Sind die Nägel aus meinem Leib
Weil Menschen sind
Die Mensch geblieben
In rauen Zeiten
Wo fette Ärsche Verbrechern gleich
Den Tagesablauf trüben
Ich dehne mich feierlich
Unter den Fittichen der Freunde
Ihre Worte bewegen beflügeln und machen
Den langen Winterabend zu
Einer süß-schläfrigen Nacht

HUNDESEELE

Wenn mein Hund keine Seele hätte
Könnte er lächeln
Wie du
Könnte sprechen tänzeln und flirten
Wie du
Wenn mein Hund keine Seele hätte
Wäre seine Trauer so echt
Wie deine
Wenn ich dir sage
Ich geh

PERFEKTES GLÜCK

Seit du fort bist
Lieb ich dich
Sehe dich
Kenne dich
Verstehe dich
Als du hier warst
Warst du fremd
Kalt und gehemmt
Phantasie verzerrt
Verjüngt
Verschönt
Leben mit dir ohne dich
Das Glück perfekt
Im schizophrenen Wahn

FRAGE

Hast du mich schon mal
Fühlen gehört
Gedanken gelesen
Meine Phantasie gestört
Ziehst du meine Gedanken aus
Wenn deine Hände mich streicheln
Ziehst du mich aus
Wenn ich fühle
Denke
Phantasiere

REINHEIT WO

Wolke
Zerkratzt
Den Himmel
Verwundet
Das Sein
Fliege
Durchbohrt
Die Luft
Verschmutzt
Den Sonnenschein
Kuss
Zersticht
Das Ich
Verulkt
Das Allein

DU

Ich glaube an vieles
Ich glaube an dich
Ich liebe vieles
Ich liebe dich
Ich brauche vieles
Ich brauche dich
Ich möchte vieles
Ich möchte dich
Ich kenne vieles
Dich kenn ich nicht

SCHLAFLOS

Wenn ich nicht schlafen kann
Schreib ich die Bücher
Und deck dich mit Geschichten zu
Die am Tage zwischen uns
Und daran Schuld
Dass ich nicht schlafen kann

WIDERSPRUCH

Doch
Manchmal widersprech auch ich
Und schäm mich gleich
Meiner Gedanken
Du erschrickst
Und hilfst mir schnell
Zurück
In meine kleine heile Welt

MAI

Weil´s Mai ist
Sollte ich träumen
Verspielt sein
Und jung sein
Weil´s Mai ist
Weil´s warm ist
Weil´s Zeit ist
Ist die Zeit vertan

MORGEN DANACH

Am Morgen danach
Gehen die Gefühle auf Reisen
Und suchen und finden
Und finden das Nichts
Das bisschen vom Nichts
Das Geblieben
Das geblieben dir
Von der Nacht zuvor

BEFREIUNG

Du sollst nicht schon wieder
Geduldig und bös
Festhalten mich
Mich die ich fliege
Zum ersten Mal fliege
Hoch und tief
Ungeduldig und brav
Zu meinem eigenen Ich

BEZIEHUNG

Liebster warum
Hör ich dir eigentlich zu
Wär es nicht besser
Jetzt sofort auf der Stelle
Zu gehen
Die Tür zu zuschlagen
Das Ende zu feiern
Die Freiheit zu dulden
Doch Liebster
Wohin soll ich gehen
Und zu wem
Wen verschmähen
Mit wem nicht mehr reden
Wessen Geschwätz nicht mehr hören
Keinen kenn ich
Der würdig genug
Das Leiden dir abzunehmen

SCHUTZENGEL

Warum lach ich mich
Nicht endlich selber aus
Stimm ein ins Lachen
Meines Engels
Der beschützend mir zur Seite steht
Der oft so schmunzelnd
Zu mir hergebeugt
Mir Worte flüstert
Die mich frieren lassen
Er lacht dann laut
Und ich erstarre
Statt mit einzustimmen
In sein naives Scherzen

ALLEIN

Wenn ich mit mir
Alleine bin dann
Spreche ich mit dir
Trag deine Last
Probleme feg ich fort
Wenn ich mit mir
Alleine bin
Ist alles gut

MEINUNG

Gelegentlich
Wenn ich
Nichts zu sagen habe
Fällt mir ein
Was ich gern sagen würde
Dann schweig ich
Lange
Bis du mir sagst
Was ich nun sagen soll

TAT

Geschaffen bist du
Für dich
Geschaffen bist du
Für mich
Geschaffen hast du
Für dich
Nicht für uns
Nicht für mich

CHAOS

Als ich noch
Heil war
War ich nicht gut
Hab geschaltet
Gewaltet
Verwaltet
Vertan
Zuviel von allem
Damit die Welt
Um mich rum
Zufrieden sei und bliebe
Jetzt bin ich Chaos
Und nichts ist mehr heil
Aber ich
Bin ich

NEUBEGINN

Ich raffe mich auf
Und geh zurück
Zu den Wurzeln
Fang dort an
Wo ich schon einmal war
Und geh dann
Gar nimmer mehr fort
Von mir

TRAUM

Ich träumte ich
Sei ich
Und bin
Darüber erschrocken
Was würdest du sagen
Wenn ich
Plötzlich einfach
Nur mal so
Ich wäre

Böser Traum

Morgen wenn ich erwache
Erzähl ich dir gleich
Den bösen Traum
Den ich hatte
Damit du die Spuren
Die er hinterließ
Festhältst
Umklammerst
Und pflegst
Heilst meine Welt mir
Die gespalten und schlimm
Die Nacht mir
So unerträglich
Dem Tage gleichmacht

MORAL

Träumen von Liebe
Vom Bereitsein
Vom Geben und Nehmen
Vom Liegen bei dir
Träumen vom Einbruch
In meine Seele
Vom sinnlosen Streben
Nach dem Kreislauf des
Du und des Ich
Vom verbotenen Nichts
Der Moral die uns
Nicht atmen lässt
Und dich und mich
Durch Jahrhunderte und jetzt
Hetzt
Weil sich lieben
Noch immer
Besitzen wollen heißt

MANEGE

Fett verzaubert hast du mich
Gerettet und gekettet
An die räudige Zeit
Die kurz bemessen
Sich stürzt auf uns
Deren Blut fließt
Für das Programm des Lebens
In der Manege der Welt

ORDNUNG

Weil mein Chaos Ordnung hat
Ordnest du das Chaos
Verzweifelt suchend
Die Regelmäßigkeit
Der dumpfen Gefühle
Schreiend nach Einklang
Und harmonischem Erleben
Zweier Seelen die verschieden
Bewusst differenziert erleben
Das ängstigende kalte Atmen
Ihres Seins

RAT

Gedeihe zur rechten Zeit
Dann quatschst du
Problemlos mit andern
In Rechtschaffenheit
Treu bis zur Lüge
Verhetzt bis zum Grab
Götzend und bleckend
Und stark
Im despotischen Leben
Unserer tadellosen
Fehler freien Zeit

DU UND ICH

Gepflegtes Lächeln im Sonnenlicht
Apartes Gesicht
Rundum schöne Erscheinung
So warst du
Damals als ich dich sah
Grau in grau mein Gesicht
Mein Kleid meine Seele mein Ich
Heut bist du grau
Ich bin nur gepflegt
Haben wir unbewusst
Oder aus Versehen
Die Farben getauscht
Nuancen verwischt
Das Album der Erinnerung bestochen

UMARMUNG

Zärtlich krallend hältst du mich
Im Arm
Lässt mich nicht los
Umfängst mich bös mit
Deiner Liebe
Nicht beißen lässt du mich
Küsst nieder jede Gegenwehr
Wo soll denn unsre Liebe enden
Wenn du mit Gewalt
So sanft
Mich hältst bei dir
Wo ich doch nur
Zu mir hin will

REISE ZUM ICH

Die wunderbarste Reise
Die ich je getan
War jene Reise
Hin zu mir
Ich nahm mich bei der Hand
Lief einfach los
Und fand die Insel
Mit dem einen Baum darauf
Das Meer das wunderbare
Die Weite offenbarend
Für das kleine Ich an meiner Hand

EIN GNOM

Ein satter Gnom
Saß oben auf der Treppe
Bedrohte mich mit
Messern und mit Gabeln
Gleich dacht´ ich dran
Ich bin zu dick
Und musste lachen
Und siehe da
Der Gnom verschwand ganz schnell
Konnt nicht ertragen
Das Gelächter
Das erst so schwer
Doch dann mir immer leichter fiel

MEINE SINTFLUT

Ich geb nicht auf
Ich will mich wehrn
Frei sein im freien Land
Leben nach Unregeln
Die nur ich mir schaffe
Nach oben fallen
Und nach unten schwingen
Schluchzen nach der Sintflut
Die gestaltend das Ich
Mich wegschwemmt
Zu meiner eigenen Mitte

KOPIE

Unfähig Eigenes
Aus uns heraus zu leben
Kopieren wir nur
Tag für Tag
Kopieren schließlich
Die Kopie von der Kopie
So lange
Bis am Schluss sogar
Nicht mal mehr
Die Kopie der anderen Kopie
Noch gleicht

LEKTÜRE

Jetzt da ich so viel lese
Vergesse ich das Eigene
Den Schmerz voll Sehnsucht
Nach dem Ich
Jetzt da ich so viel lese
Verkenne ich die Analyse
Des schmerzvollen Ichs
Analog zu den Büchern
Die gelesen
Ich vergesse

MUTTER – TOCHTER

Wenn ich nicht Tochter
Sondern Mutter wäre
Würde ich ändern die Dinge
Die ein Mensch
Nicht zu ändern vermag
Ich würde
Zerreißend die Schnur
Erlösen von der Bindung
Um dann
Froh und Frei
Gemeinsam und stark
Getrennt
Den Weg zu finden
Das Ich zu töten
Damit die Tochter lebt

WONNE

Es liegt Himbeerduft in der Luft
Wenn ich tue was
Ich will
Nimmer mehr ruhend
Beim Genießen
Des Gefühls
Zeit und Welt sich paarend
Anfang und Ende sich fügend
In eine Wolke des Lebens
In mein Leben
Voll Wonne und Schmerz

LESEN

Die Schlange schlängelt
Und häutet sich
Durch das Buch
Frisst Buchstaben auf
Frisst sich in dein Gehirn
Zerfrisst das Hirn
Legt frei dein Herz
Buchstaben fallen hinein
Sind neu gemischt
Das Reptil umzingelt
Das träumende Herz
Nimmt Buchstaben auf
Gleitet
Mit Herzstücken durchsetzt
Zurück
Ins zerfressene Hirn
Repariert mit Gelesenem
Aalglatt und behend
Was vormals zerstört
Starke Gefühle
Erfrischend junges Erleben
Neue Perspektiven
Und kostbare Phantasie
Erneuern dein Ich

VERGEBUNG IST MORGEN

Vergebung ist morgen
Heut wird noch gelebt

Verprügelt den schüchternen Jungen
Dick und picklig gehört er nicht her
Schreit und wütet erpresst und schlagt
Lange genug bis er sich erhängt
Vergebung ist morgen
Heut wird noch gelebt

Lasst uns schachern in dieser schäbigen Welt
Den Opferstock öffnen das Geld versaufen
Den Nachbarn betrügen er hat es verdient
Vergebung ist morgen
Heut wird noch gelebt

Pfaffe gib Vater die letzte Ölung
Ich will ihn erlösen
Von Krankheit Elend und dem Vermögen
Sein Leben stinkt wie faulender Fisch
Ich werd ihn erschlagen noch diese Nacht
Vergebung ist morgen
Heut wird noch gelebt

Schnell
Peitsch das Mädchen
Den Angstschweiß gewürzten Leckerbissen
Erstick ihren lautlosen Schrei
Genieß deine Lust
Vergebung ist morgen
Heut wird noch gelebt

Ein aus Gips verwitterter Christus
Blickt ratlos herab
Auf dich einem Märtyrer gleich
Zieh weiter wie huschendes Licht
Auf fett schimmernden Wegen
Ignorier dein brennendes Herz
Und die zweifelnd zitternde Hand
Vergebung ist morgen
Heut wird noch gelebt

GEBET

Warten auf Nacht
Warten auf Tag
Warten auf Frieden
Auf dich
Auf das Danach
Warten aufs Warten
Bei Nacht und bei Tag
Im Frieden mit dir
Bitte
Gib Frieden auch mir

LIEBE UND HASS

Die Liebe kommt aus dem Nichts
Die Augen der Blick
Die Hände der Druck
Das Lächeln
Der Mund
Gefühle irren
Verwirren
Finden sich
Entwirren
Töten sich

Der Hass kommt aus dem Nichts
Die Augen der Blick
Die Hände der Druck
Das Lächeln
Der Mund
Gefühle irren
Verwirren
Finden sich
Entwirren
Töten sich

ZUSAMMENBRUCH

Schaut nur her
Ich bin vom Stuhl gefallen
Ich pflichtbewusste Eitle
Die Maske ward mir abgenommen
Mein ungeschminktes Lächeln
Erstarrt auf eurem Gesicht
Zuviel genascht hab ich
Vom satten Lebenskuchen
Zerfallen bin ich
Wie ein Traum
Doch schaut nur hin
Mein Ich klebt noch an euch

MUSIK

Ich trinke Musik
Sie stärkt meine Seele
Beruhigt den Geist
Der aufgewühlt
Vom Geschehen des Tages
Lechzend nach Aggression und Streit
Beifall heischend für alles
Was ich getan
Zwischen Nacht und Nacht
Allein gegen dich und die Welt
Reich an Erfahrung
Und unschlüssig beim Tun
Zwiespältig zu lösen versucht
Akkord so schwer
Melodie so leicht
Fegt weg das Problem
Entzaubert
Verzaubert
Heißt willkommen die Nacht

EIN RICHTER

Ein Richter war´s
Der mir verboten hat
Zu weinen
Zu trauern um verlorene Gefühle
Ein Richter war´s
Der mir geraten hat
Normal zu leben wie die Anderen
Ein Richter war´s
Der mich gerichtet hat
Weil ich nicht konnte
Wie er riet
Weil ich geweint
Getrauert
Und verzweifelt
Meine Hände ringend
Die verlorenen Gefühle
Wieder fühlen wollte

STIMMUNG

Wenn ich könnte
Würde ich spielen
All die Rollen
Die es nicht gibt
Würde heucheln
Und singen
Und loben
Und lachen
Wenn ich wüsste
Worüber zu lachen
Sich lohnt

AN EINE FREUNDIN IM NORDEN

Da sitzt du da oben
Und wartest auf Rat
Du wartest auch morgen
Ich wache derweil
Die Antwort dir suchend
Da du sie nicht siehst
Mit klarem Blick ich durchforste
Das Dickicht deines Problems
Dir helfen
Das will ich
Den Weg du mir zeigst
Umnebelt dein Wille
Vom bloßen Gefühl erschwert
Das Finden
Für dich
die Lösung
Und mich
Was ich will

VERBOTE

Verbiete der Fliege das Fliegen
Der Schnecke das Kriechen
Dem Kind das Geschrei
Verbiete dem Hund das Bellen
Dem Baum das Grünen
Und mir mein Fühlen
Dann lebst du zufrieden
Befreit und allein

AM TAG DARAUF

Am Tag darauf
Wenn die Stimmung dahin
Das Haar schlecht frisiert
Das Make-up verschmiert
Das Schuldgefühl aufsteigt
Am Tag darauf
Ist die Welt nicht mehr schön

Am Tag darauf
Wenn der Magen knurrt
Der Geliebte schnarcht
Der Alltag ruft
Der Traum vorbei
Am Tag darauf
Ist die Welt nicht mehr schön

Am Tag darauf
Wenn die Andere wartet
Die Liebe vergangen
Die Gefühle verwirrt
Die Eifersucht lauert
Am Tag darauf
Ist die Welt nicht mehr schön

NUR IN DEN TRÄUMEN

Das Land in dem ich lebe
Ist nicht meine Heimat
Nur in den Träumen bin ich zu Haus

Die Stadt in der ich wandle
Ist nicht meine Zuflucht
Nur in den Träumen bin ich zu Haus

Das Haus in dem ich wohne
Ist nicht mein Schutz
Nur in den Träumen bin ich zu Haus

Der Liebste mit dem ich lebe
Ist nicht mein Leben
Nur in den Träumen bin ich zu Haus

Der Körper in dem ich atme
Ist nicht meine Zukunft
Nur in den Träumen bin ich zu Haus

Das Herz mit dem ich fühle
Ist nicht meine Stärke
Nur in den Träumen bin ich zu Haus

Die Liebe von der ich schwärme
Ist nicht meine Freiheit
Nur in den Träumen bin ich zu Haus

Die Träume von denen ich singe
Heimat und Zuflucht
Schutz und Leben
Zukunft und Stärke
Freiheit
Das Ich und die Welt
Nur hier bin ich zu Haus

WÜSTE

Du duftender Mörder
Mordest ohne Angst und Not
Meine tiefen baumstarken Gefühle
Von Hunden bepinkelt
Dein eiskalter Kopf
Schenkt keine Aufmerksamkeit
Der totenstill brodelnden Erinnerung
Gott ist ein liebender
Warum spür ich dann den Hass
Durchlebe einem Gewitter gleich
Den dornigen Pfad
Rasant einer Autobahn ähnelnd
Mein Leben als trostlose Wüste

STIEFEL

Wenn die Stiefel marschieren
Marschieren sie mir mitten durchs Herz
Treten mich nieder
Das Kind und den Traum
Vom Frieden
Der Freiheit
Von der Welt und einem Gott
Der Stiefel verbietet
Wann werden Menschen sich lassen
Friedvoll und helfend einander
Leben ohne kotverschmierte Aggression
Einander liebend
Wie einst vom liebenden Gott geplant

ZORN

Zorn ergreift mich
Wenn er
Mit blühenden Gedanken sagt
Seine Frau soll

Zorn verschließt mich
Wenn er
Mit schäbigem Lächeln sagt
Seine Frau könne nicht

Zorn verbrennt mich
Wenn er
Mit beschränkter Phantasie sagt
Seine Frau sei halt eben
Nur eine Frau

Zorn erstickt mich
Wenn er
Mit eisiger Ironie fragt
Wann endlich
Begreife seine Frau

Zorn zersetzt mich
Wenn er
In überschwappender Not erwartet
Dass seine Frau
Solle
Könne
Begreife
Endlich Frau sei

Zornig schlagend
Erkenne ich meine Situation
Die verbrannten Gefühle
Die Grenzen das Ich
Wissend lächelnd
Sage ich dem Mann
Was er nicht
Sollen
Können
Fragen
Bemerken
Erwarten
darf

MUSEUM MEINES HERZENS

Im Museum meines Herzens
Stell ich dich aus

Deinen unbeugsam wütenden Willen
Gegen alle Ungerechtigkeiten dieser Welt
Deine grundlos lauernden Zweifel
Die feindselig
Tiefe Harmonie zerhacken
Dein beschaulich passives Fühlen
Wirklichkeitsfremd bisweilen
Deine großflächig grelle Hoffnung
Vom großen Ruhm
Gepaart mit bigottem Reichtum
Deinen mystisch dienenden Glauben
An gute Zeiten
Die da kommen werden
Heute oder bald
Dein misstrauisch erhitztes Gemüt
Das schmerzt
Wie die Spannung im Nacken
Und Angst einflößt
Deine kritisch berechnende Freundlichkeit
Die bescheiden wirkt
Wenn man dich

An der Tasse des Verstehens nippen sieht
Deine plakativ zelebrierte Liebe
Aus peinlich naiven Gefühlen
Die epileptischen Anfällen gleich
Stets wiederkehrt
Und das Miteinander erschwert

Im Museum meines Herzens
Stell ich dich aus

FÜR MEINE LIEBE

Ich schaff mir Raum
Für meine Träume
Meine Liebe
Fang ganz unten an
Es liegt mir auf der Seele
Was ich fühlen
Und auch denken möchte
Und nicht
Noch nicht
Vermag
Frieden fängt beim Frühstück an
Auch Liebe und das Glück
So ging`s mir durch den Kopf
Ich mach mich klein
Und du
Ganz Mann
Faltest dich
Ein Stückchen nur
Damit´s gelingt
Der Platz genügt
Für deine
Und auch meine Seele
Das wünsch ich mir
So klein zuerst und dann
Mit dir

Ganz groß und wichtig
Zusammen erst
Den Raum geschaffen
Für uns
Die Liebe
Und das Leben

NEUE LUST

Nächte wie Fastenzeiten
Wecken die Phantasie
Lustleerer Raum schafft Platz
Für neue Möglichkeiten
Alltägliche Ungemach
Entflieht ins Nirgendwo
Hinterlässt kaum Spuren
Der liebesfernen Zeit
Bald sehr bald
Folgt die Auferstehung
Der erogenen Erkenntnis
Weckt lange Verborgenes
Und beflügelt
Zu nie Dagewesenem
Studium Evangelium
Und bewahrte Reinheit
Verschmelzen seelische Atmosphäre
Und eigennützige Liebe
Zu neuer
Sinnlich egoistischer Kommunikation

Die Autorin

Ute Weizsaecker wurde 1946 in Singen am Hohentwiel geboren. Schon früh kam sie mit den Künstlern am Bodensee in Kontakt. Ihr Lehrer, der Otto-Dix-Schüler Karl Oßwald, besonders aber Otto Dix selbst, beeinflussten sie noch vor dem Abitur. Erste Ausstellungsbeteiligungen ab 1966. Ein längerer Studienaufenthalt in den USA an der University of Minnesota gab ihr Gelegenheit, Techniken in Aquarell und Design zu vertiefen. Daneben lernte sie Holz- und Linolschnitttechnik. Nach ihrer Rückkehr studierte sie in Freiburg und München Romanistik, Anglistik und Amerikanistik, wobei Kurse in Akt- und Porträtzeichnen sowie Privatunterricht in Misch- und Pastelltechniken ihr damaliges künstlerisches Schaffen erweiterten.
1986 entdeckte sie den Reiz der Seidenmalerei und verband dabei Aquarell- und zeichnerische Erfahrungen mit den auf Seide möglichen Effekten und Ausdrucksformen.
Von 1974 bis 2006 war sie Studienrätin in Landsberg am Lech und viele Jahre lang auch als Dozentin für Seiden-

malerei und japanische Tuschmalerei an der VHS Landsberg tätig.
Seit 1966 zeigte sie ihre Bilder in vielen Gemeinschafts- und Einzelausstellungen im In- und Ausland. Sie ist Mitglied der Permanent Collection des St. Paul Art Center in St. Paul, Minnesota, USA. Öffentliche Ankäufe von Banken und Behörden folgten.
Im Jahr 2000 illustrierte sie den Gedichtband "Klage. Gedichte gegen die Diktatur" von Wolfgang Welsch.
Neben ihrer Malerei faszinierte die Künstlerin auch stets der Umgang mit der Sprache. So entstanden über Jahrzehnte hinweg immer wieder Gedichte, von denen hier nur eine kleine Auswahl vorliegt.
Ob Malerei oder Lyrik, zentrales Thema ihres Schaffens ist der Mensch in all seinen emotionalen Facetten. Die vorliegende Edition zeigt diese Symbiose zwischen Wort und Bild.
Dabei gilt ihre Hingabe besonders der Kraft der Farben.
Viele Bilder und Gedichte entstehen spontan, sind eigenes Erleben, Traum oder Phantasie. Experiment und Dynamik gewinnen sowohl im Bild als auch in der Sprache zunehmend an Bedeutung.
Die hier abgedruckten Aquarelle sind Teil des Zyklus "Bilder von der Côte d'Azur". Die insgesamt 30 mit Aquarellstift gefertigten Bilder sind auf ihren zahlreichen Reisen nach Südfrankreich entstanden.
Die Autorin und Künstlerin lebt heute in Sinsheim bei Heidelberg. Neben der Malerei widmet sie sich besonders der Buchillustration und dem Schreiben von Gedichten und Kurzgeschichten.